AF495727

BIEN-ÊTRE

UNIVERSEL.

PAR A. DECOUX.

PARIS.
IMPRIMERIE DE MADAME DE LACOMBE,
RUE D'ENGHIEN, 14.
1849.

BIEN-ÊTRE UNIVERSEL.

Plus de pauvres, plus d'aumônes, plus de dépôts de mendicité, plus de bureaux de charité.

Les mots de Vagabond *et d'*Indigent *doivent être rayés du dictionnaire français.*

Les jeunes gens ne seront jamais sans local, sans nourriture, sans vêtements. A cinquante ans, on sera propriétaire ; à cinquante-cinq ans, propriétaire et rentier. Ce système convient à tous les partis, à toutes les religions, et obtiendra l'agrément de tout gouvernement qui percevra des impôts énormes qu'il n'aurait jamais eus sans cela.

Quel est, en effet, le pouvoir qui refusera son concours loyal, à des gens capables d'alléger son fardeau sans s'immiscer dans les affaires publiques ? Accroître le bonheur universel, c'est donner plus d'accès à la morale, c'est rendre facile la vertu, c'est détruire le vice, c'est fermer les prisons. Quand tout le monde a de quoi vivre, personne n'a plus intérêt à voler, ni à faire le mal.

Point de phrases, point de mots recherchés, point d'expressions choisies : être utile, laconique et vrai, voilà ce qu'il faut.

Pour qu'une pensée soit bien sentie et bien appréciée, l'essentiel est de la développer de manière à ce que tout le monde puisse la comprendre.

Le travail manque, dit-on? Nous disons, nous : Il y en a trop ; — on dit il y a trop de monde? Nous disons : Il n'y en a pas assez ; — on dit il n'y a pas de commerce? Nous disons : Il y en a autant qu'on peut en désirer ; le tout est de prouver : c'est ce que nous allons faire.

BIEN-ÊTRE UNIVERSEL.

Pour obtenir cet heureux résultat il faut que 20 mille individus se prêtent mutuellement un sou quand ils auront de l'emploi, du travail ou une place, ce qui veut dire que n'étant pas occupé on ne prêterait rien.

20 mille personnes qui mettraient un sou par jour, le soir il y aurait mille francs. Mille francs par jour donneraient par année 365 mille francs; 365 mille francs chaque année donneraient dans trente ans, 11 millions, sans compter l'intérêt et la mortalité. De ces millions, nous dira-t-on, qu'en ferez-vous? Répondons : — on fera construire quatre cités aux quatre coins de Paris, deux à l'entrée ou à la sortie de chaque grande ville populeuse, une près de chaque petite ville ou village à proportion de la population, ce qui ne sera pas plus difficile à établir que des dépôts de mendicité, des maisons d'asiles, des casernes, des couvents, des pénitenciers, des prisons, etc., etc. La différence serait que, pour établir toutes ces maison de désolation, il en coûterait énormément à l'État et aux contribuables, tandis que pour faire des cités magnifiques

il n'en coûterait pas un sou à personne, sinon aux 20 mille prêteurs à cinq centimes. De là va surgir l'idée de nous demander comment seront construites ces cités ? Nous répondrons : absolument comme la galerie du ci-devant Palais-Royal.

On demandera, mais dans chaque rue combien y aura-t-il de maisons ?

R. — Quatre mille qui, à raison de quatre mille francs chacune, feront juste huit millions.

On dira, qui se chargera de les faire bâtir ?

R. Une compagnie ne demandera pas mieux que de s'en charger, surtout si on lui donne un fort à-compte tous les ans, et on le pourra.

D. — Combien faudra-t-il de temps pour que les cités soient faites ?

R. — Deux ans, mais pour commencer on aura une maison provisoire en attendant qu'elles soient construites.

D. — Combien de temps pour les payer ?

R. — Trente ans. En réfléchissant que dans trente ans, par le sou prêté de 20 mille personnes, on trouvera 11 millions pour en solder huit qu'auront coûté les cités, on verra très facilement que ces belles rues se trouveront payées en laissant encore trois millions en caisse après parfait acquittement.

D. — Que fera-t-on de ces trois millions ?

R. — Dans le langage le plus simple et le plus bref possible, nous répondrons : du premier million nous ferons une maison de santé pour alléger les hospices. Là, beaucoup de médecins qui ne sont point occupés, trouveront de l'emploi, de même que les chirurgiens, administrateurs, pharmaciens, infirmiers, sœurs, aumôniers, etc., voire même les maçons et jusqu'aux couvreurs, sans oublier l'achat de l'ameublement qui donnera beaucoup de profit aux vendeurs.

Du second million on fera construire des ateliers de précaution, des bureaux de précaution pour contenir le personnel. Là, tout sera prévu pour l'utilité de chacun. Là, ceux qui n'auront ni travail, ni emploi, ni place, trouveront de l'occupation bien payée et autant qu'ils pourront en désirer. Qui ne sait qu'à l'âge de 36 à 40 ans on ne veut pas plus de l'artiste, de l'employé, de l'ouvrier ni des gens de maison, qu'on ne veut de celui qui occupe l'un et l'autre à 50 ans?

Du troisième million on fera une vaste auberge ou seconde maison provisoire, dans laquelle on trouvera tout ce dont on pourrait avoir besoin, comme meubles, habillements, nourriture. Le logement, qu'on ne pourrait payer en ville, le serait par ce moyen. Le propriétaire, garanti de son loyer, ne pourrait plus faire vendre les meubles du malheureux locataire, ni dire qu'on veut toucher à la propriété ; il en serait de même pour se procurer du bois, du charbon, pour payer un accouchement, une maladie ; tout cela moyennant un sou par chaque dix-huit francs, encore faudrait-il que l'on fût occupé, sans quoi on ne payerait rien. En lisant cette brochure une chose fera sentir l'autre ; donc en lire quelques pages et dire : j'ai compris, serait de la plus grande suffisance, il faut aller jusqu'au bout.

Dans l'auberge, ou seconde maison provisoire, les hommes et les femmes âgés trouveraient un local particulier, d'où ils délogeraient au fur et à mesure qu'il y aurait une maison bâtie.

A ceci l'homme éclairé dira : Voilà ce que depuis 12 ans il aurait fallu essayer, sauf à moraliser après.

L'ineptie ou la méchanceté dira, au contraire : Votre système n'est qu'une utopie ; répondons par des faits : — quatre cents personnes qui mettent chacune mille fr., donneraient ensemble quatre cent mille francs?

Supposons qu'avec cette somme, on jette un pont sur

la Seine; si 20 mille personnes passent journellement sur ce pont donnant un sou chacune, la recette du soir sera de 20 mille sous qui feront mille francs, dans un an, 365 mille francs, et dans cinq ans un million 825 mille francs.

Donc si le pont a coûté quatre cent mille francs, on voit que dans l'espace de cinq ans les actionnaires ont gagné un million quatre cent mille francs.

20 mille prolétaires se prêtant un sou chacun, auront réuni dans cinq ans, un million huit cent vingt-cinq mille francs; si les actionnaires à mille francs ont fait faire un pont, les prêteurs à un sou feront faire des rues.

Prolétaires, voilà comment on pourra vous donner de l'ouvrage autant que vous pourrez en désirer, et très bien payé, comme on en donnera aux architectes, aux notaires, aux marchands de terrains, aux compagnies de gaz, d'assurances, etc., etc., depuis les terrassiers jusqu'aux couvreurs, à tous ceux enfin qu'occupe le bâtiment.

L'actionnaire qui prête mille francs, risque de tout perdre par une faillite, il n'en peut être de même de celui qui prête un sou; car il se trouve garanti par des pierres et des terrains, ainsi qu'on le verra bientôt.

Le gros actionnaire n'est pas sûr d'une recette de mille francs par jour, le petit actionnaire, lui, recevra régulièrement par jour plutôt quarante mille sous que vingt mille; encore une fois le gros actionnaire sème et récolte; l'ouvrier, pour ne pas prêter un sou par jour, fait pour deux francs ce qui lui en serait payé cinq.

Prolétaires, êtes-vous heureux ? votre père ne l'est-il pas ? s'il est à votre charge, cela vous coûte plus d'un sou.

Devenez-vous vieux, avez-vous éprouvé des revers? il faut que vous trouviez de l'argent par millier de francs pour aller à Sainte-Perrine, aux petits ménages, etc., etc., ça coûte plus d'un sou ?

Ici, pour trouver tout ce qu'indique la préface de cette

brochure, soit, pour avoir à 50 ans une maison, à 55 ans trois francs par jour, vous aurez prêté tous les 5 ans 75 francs.

On sait qu'un sou par jour fait 18 francs par an. Déduisons les dimanches, les fêtes, les chômages, les maladies, cette somme sera tout au plus réduite à quinze francs.

Donc en commençant à prêter un sou à l'âge de quinze ans, jusqu'à cinquante, vous aurez prêté, en 25 ans, 525 fr.

de 20 à 50. . . 30 ans, vous aurez prêté 430 fr.
de 25 à 50. . . 25 ans. 375
de 30 à 50. . . 20 ans. 300
de 35 à 50. . . 15 ans. 225
de 40 à 50. . . 10 ans. 150
de 45 à 50. . . 5 ans. 75
de 49 à 50. . . 1 an que vous avez prêté 15 fr.

D'après ce calcul il est très facile de se convaincre que celui qui voudrait reprendre son prêt, on ne demanderait pas mieux que de le lui rembourser: ce qu'on lui donnerait vaut bien mille fois plus que ce qu'il a prêté.

Ce qu'on a dit, ce qu'on dira encore :

Pour 20 mille personnes, il faudra vingt mille maisons?

Nous répondrons : on n'a pas cinquante ans quand on veut les avoir; ainsi les gens de quarante-cinq ans attendront cinq ans pour entrer dans leur maison, ceux de quarante seront obligés d'attendre dix ans, ceux de 35 attendront 15 ans, ceux de 30 attendront 20 ans, ceux de 25 attendront 25 ans, ceux de 20 attendront 30 ans, ceux de 15 attendront 35 ans. Ceux qui, par ce système auront fait leurs affaires, et dont le nombre sera plus considérable qu'on ne le pense, n'auront pas besoin de maison. A cela il y aura encore à ajouter ceux qui auront gagné de quoi vivre de leurs rentes, et qui seront nombreux sans avoir besoin de local. Pour peu qu'on veuille s'en rendre compte, on comprendra bientôt qu'il y aura toujours plus de maisons qu'il n'en faudra pour ceux qui atteindront l'âge voulu, bien qu'on doive tous les ans en construire de nouvelles. Qui osera dire, après cette explication, qu'il faudra 20,000 maisons, pour 20,000 prêteurs ? Qui dira : Si je meurs ma maison doit rester à mes héritiers ?

Pour laisser à ses héritiers, il faut avoir payé ce qu'on a reçu; ici la possession est viagère ; on ne peut déloger personne parce que la maison se trouve payée par le sou de chacun, par la mortalité et par d'autres choses qu'on pourra connaître en lisant cette brochure.

On nous demandera : Quand ces maisons seront construites, qui les habitera d'abord ?

Nous répondrons : Parmi les vingt mille prêteurs, on prendra ceux qui ont cinquante ans; s'il s'en trouve quatre mille, chacun aura sa maison, en commençant par le plus âgé, à moins qu'il n'ait perdu ses facultés. Alors la maison de santé le recevra, comme l'auberge, deuxième maison provisoire, recevra ceux qui n'auront pu entrer dans la première maison, celle-ci ne recevant que les plus âgés.

D. — Est-ce qu'en retirant les hommes âgés selon leur désir et en leur donnant à chacun une maison, ils seront riches ?

R. — Non

D. — Seront-ils pauvres ?

R. — Encore une fois, non. Mais ils seront propriétaires : n'est-ce pas l'égalité, la liberté, l'indépendance comme elles n'existèrent jamais ?

D. — A-t-on demandé quelque chose à celui qui possède pour cela ? a-t-on changé quelque chose à ce qui existe ?

R. — Non.

D. — N'aura-t-on pas bonifié et amélioré ce qui est ?

R. — Certainement.

D. — Pourquoi donc ce projet ne s'exécute-t-il pas?

R. — Plus tard, je vous dirai pourquoi.

Républicains, impérialistes, royalistes, qui, pour la plupart, n'êtes l'un ou l'autre que pour avoir droit à l'assistance ou à un emploi, qui parlez très bien français, sans rien faire de français, qui avez commencé par où il fallait finir, méditez bien ceci :

Sous tel gouvernant que ce puisse être, avec l'institution dont il est ici parlé, on n'en serait pas moins en République. Sans cela ; mettez au pouvoir qui vous voudrez, donnez-lui le nom qu'il vous plaira, vous aurez toujours une oligarchie machiavélique ou plutôt diabolique, et si ce plan n'est pas adopté, c'est que l'on s'est plus occupé de ce qu'il y avait à recevoir que de ce qu'il fallait donner.

Tout ce qu'on peut nous dire a été dit; maintenant, il s'agit de s'occuper de ce qui est à faire.

L'Empereur ne disait pas : Je passerai le mont Saint-Bernard, et il le passait.

L'Assemblée nationale dit: Pas de communistes, pas de phalanstériens, leur système effraierait celui qui possède et qui craint de voir un gouvernement dans un gouvernement.

Pas d'autres associations que celles qui se trouvent sous la protection des lois que nous avons faites.

Pendant tous ces débats, le peuple mange de l'herbe dans la semaine et des pommes de terre le dimanche; le temps se passe, la maladie sévit par les privations, les prisons s'emplissent, le désespoir grandit, puis on meurt sans avoir rien essayé, mais en disant : Nous sommes bien plus éclairés qu'on ne le fut.

L'Empereur, pour ne pas avoir compris la vapeur à temps, perdit sa triple couronne, sa femme, son enfant.

Tout gouvernant, fût il dictateur, empereur, président de République, consul, roi, comprendra que des vieillards pour la plupart caducs, aux trois quarts aveugles, pouvant lui donner des impôts considérables qu'il ne perçoit pas, le dispenseront, ainsi que ceux qui possèdent, de faire l'aumône, et lui donneront des soldats qui paieront pour servir, assurant à la France des fortifications bien autrement solides que la pierre du roc et le ciment. Tout gouvernement opposé aux communistes, aux phalanstériens, aux associations, laissera se former une compagnie de retraite où, sans se voir, sans se connaître, les individus n'auront d'autres maîtres ni directeurs qu'eux-mêmes, admis à la pluralité des voix, par des hommes de 55 à 70 ans et la sanction du chef ou des chefs de l'état. Toutes les familles soutiendraient cette institution placée sous la protection des lois, comme cela se pratique.

Nous le répétons : tout gouvernement qui s'opposerait à la réalisation d'un tel projet, serait un insensé. Napoléon le méditait à Sainte-Hélène, nous n'en voulons pour preuve que les mémoires de M. de Lascaze.

Michel de Bourges demanda à la chambre des députés la formation d'un hôtel des invalides industriels. L'assemblée passa à l'ordre du jour sur cette proposition ; il est vrai qu'on n'aurait eu de plus, qu'une maison d'asile ruineuse pour le gouvernement et pour les contribuables.

— Plus d'autres pauvres que des pauvres d'esprit, dit Ledru-Rollin ; en effet, celui qui refuserait mille francs pour cinq centimes, serait bien pauvre d'esprit.

Odilon Barrot ne fut jamais plus éloquent que le jour où il parla d'un fabricant modeste, qui, par une légère retenue faite aux personnes qu'il occupait, leur assurait, à un certain âge, un logement à chacun, la femme ayant un jardin qu'elle cultivait.

D. — Après avoir démontré comment on peut se donner une maison, démontrez comment on peut donner trois francs par jour à chaque personne âgée de cinquante-cinq ans ?

Comment donner trois francs par jour à ceux qui ne les ont pas ?

R. — En faisant ce qui s'est fait, et ce qui s'est fait, le voici : Quelques personnes, qu'à juste titre on ne peut blâmer, réunissent entre elles quelques mille francs, avec lesquels elles font construire de vastes magasins qu'on appelle *Ville de Paris*, *Ville de Londres*, etc.; elles ont des loyers considérables à payer, prennent pour commis des jeunes gens à qui elles donnent depuis 500 francs jusqu'à 4000 francs; de plus elles ont l'eau, le feu, la lumière et mille autres petites choses à payer. Il est naturel qu'après toutes les avances faites et après avoir exposé leur argent, les bénéfices leur restent.

Nous, prolétaires, faisons l'inverse :

Prenons nos vieillards pour commis; nous n'aurons pas de loyer à payer, et pas d'eau, ni feu, ni lumière : tout cela aura été prévu en faisant construire la cité. Trois francs par jour, pour chacun de nos vieux employés, suffiront pour les solder; alors les bénéfices resteront pour les achats de ce qu'on aura à revendre, et tout sera dit. Nous aurons pour produire cela par 20,000 personnes, 365,000 francs du sou prêté, auquel s'ajoutera ce qu'auront gagné les hommes âgés dans la maison provisoire. Qui mieux est, c'est qu'après avoir dit qu'il fallait trois francs par jour pour chacun de nos commis âgés, nous allons prouver que trois sous suffiront.

Dans nos belles cités, l'une allant de Saint-Cloud à Versailles, nous aurons bien d'autres bazars que ceux des établissements ci-dessus désignés, où nos menuisiers trouveront de l'occupation très bien rétribuée, pouvant être à leurs pièces ou à la journée, journée de dix heures produisant beaucoup plus qu'elle n'a jamais produit, sans augmentation de frais pour les maîtres; au contraire, ils payeront beaucoup moins qu'ils ne le font à présent. C'est là que patrons et ouvriers trouveront de l'ouvrage pour plus de cinquante ans, jusqu'à ce que comptoirs, tables, banquettes, etc., etc., soient faits et usés, alors on en fera d'autres. N'ayant plus assez de bras, les étrangers reviendront, la mécanique marchera en faveur du progrès, sans qu'on ait à dire : *il faut la brûler*, car on aurait à la brûler partout, sans quoi l'étranger donnerait pour cinq sous ce qui se vendait trois francs chez nous.

Dans ces bazars, les femmes tiendront les comptoirs comme on le voit dans tous les passages à Paris. Les hommes âgés y seront employés selon leur vocation ; le teneur de livres sera teneur de livres pendant quatre heures ; le notaire, quatre heures notaire, chambre de notaires, l'avocat, l'huissier idem ; le médecin à l'hospice ; le chapelier, le cafetier, le tailleur, etc., chacun à son atelier. Après quatre heures d'emploi tous seront relevés par d'autres. Et afin qu'on ne puisse pas dire que pour être marchand revendeur il faudrait connaître le commerce, nous observerons que tout sera revendu à prix fixe, et le prix marqué sur chaque objet. De cette manière, tout le monde pourra vendre sans craindre de commettre des erreurs. De même, pour qu'on ne puisse pas dire qu'on peut tromper, les objets confiés aux vendeurs seront numérotés. Les marchands auxquels il en manquerait les rembourseraient ; ainsi, ce qui reste à dire, le voici : c'est que les bénéfices faits dans les vingt-quatre heures par les habitants des cités seront portés à la banque de France qui sera la caissière générale.

Voilà comment on donne trois francs par jour à ceux qui ne les ont pas, tels que concierges, gens de maisons, vieux ouvriers, etc.

Le moyen que nous indiquons est simple et plus conforme à la raison et à l'utilité que tout ce qui existe en faveur d'un petit nombre d'hommes à qui ceci ne peut faire aucun tort.

Oui, c'est ainsi, Messieurs les contradicteurs, qu'ayant une maison et un revenu, on porterait, homme et femme, habit noir, robe du même prix, montre d'or, chaîne, boutons, épingle et tout ce que bientôt on va connaître. Si on nous demande qui donnera tout cela? nous répondrons: ce sont tous les malheureux qu'on voit aujourd'hui aux portes des églises, qui sont dans les dépôts de mendicité et autres gens parlant latin, grec et français par principes, qui attendent les débris des restaurants du Palais-National, au centre de la capitale du peuple qui se dit le plus éclairé de la terre. Qu'en est-il donc, grand Dieu, des autres habitants du globe, si les plus éclairés sont aussi malheureux ?

Oui, contradicteurs, c'est encore ceux-là qui donneront plus dans un jour, que les plus jeunes ne pourraient prêter dans dix ans avec un sou.

Pour que vous n'en doutiez pas, supposons que quinze cents jeunes gens prêtent un sou chacun, cela fera 15 cents sous ou 15 francs.

Si quinze cents vieillards vendent à vingt mille personnes vingt mille objets, et qu'ils gagnent 1 franc par objet, ils auront gagné 20 mille francs ; sur cette vente, il est vrai, chacun touchera trois francs. Mais sur tous les autres objets qu'ils vendront du matin au soir, viande de boucherie, pain, etc., et qui donneront plus de 100 francs par jour, les bénéfices seront pour l'établissement. Osera-t-on dire, alors, que les hommes âgés ne donnent pas plus dans un jour que les jeunes gens ne peuvent prêter par un sou dans 50 ans ? — Cependant les hommes âgés auront bien moins de temps à vivre que les jeunes gens ? — C'est encore ce qui prouve que l'on peut commencer à l'âge de 49-50-55 ans et plus, : on aura toujours plus donné dans un jour que le prêteur, quelque soit son âge, ne peut prêter en dix ans.

D. — Mais si vous donnez trois francs à chacun de ces gens-là, ceux qui n'auront pas d'ordre croqueront 3 fr. dans une journée ?

R. — C'est impossible !

D. — Prouvez-nous cela.

R. — Étant à demeure dans les cités, pour avoir un chapeau du prix de dix-huit francs, on laissera un sou ; si le chapeau ne coûte que 9 francs on laissera deux liards; s'il n'en coûte que quatre, un liard, ce qui veut dire que, pour tout ce qui serait vendu comptant dix-huit fr., on laissera un sou, pour trente-six francs on laissera deux sous, enfin, toujours un sou par dix-huit francs.

Exemple.

Abonnement dans les Cités seulement.

Hommes ou femmes, pour avoir un chapeau du prix de dix-huit francs . . . . 1 sou.

Pour un pantalon et un gilet . . . 2 sous.

Pour redingote, habit ou robe du prix de 72 francs, on laissera chaque jour . . . . 4 sous.
parce qu'il y a quatre fois dix-huit fr.

Pour trois ou quatre chemises et cravates . . . . 2 sous.

Avis aux horlogers et bijoutiers.

Pour avoir une montre, des boutons, une épingle, des bagues et une chaîne en or . . . . 1 sou.

Observation.

Au décès, ces objets resteront dans

A reporter. . . . 10 sous.

Report. . . . 10 sous.

les cités pour servir à d'autres hommes et femmes âgés. Ceux qui auront tout cela à eux et d'autres choses, les légueront à leurs héritiers.

On laissera pour chaussures, bottes, souliers, etc . . . . 1 sou.

Voilà de quoi déblayer les étalages dans toutes les parties par des pratiques nouvelles, payant sur écus, pratiques que jamais on n'aurait eues sans cette occasion.

Pour blanchissage. . . . . 1 sou.
Pour omnibus, chemin de fer . . . 1 sou.
Pour spectacle. . . . . 1 sou.
Pour entretien de la tête et de la bouche. . . . . 1 sou.

Observation.

D. — Mais c'est du luxe inutile.

R. — Pour qu'on ne puisse plus dire cela, admettons quinze cents vieillards dans les cités, quoiqu'il doive y en avoir quatre mille ; par vingt mille personnes seulement, sans compter les moins âgés des ateliers, bureaux de précautions, etc., etc.; de quinze cents qui laisseront un sou chacune par jour, on obtiendra par an la somme de 27,375 francs. Admettons que l'on donne moitié de cette somme aux directeurs des omnibus, ce sera, nous le pensons, une belle trouvaille pour eux. Qu'on laisse l'autre moitié pour faire construire

A reporter. . . 15 sous.

Report. . . . 15 sous.

des omnibus dans les cités quand la morte saison sera en ville, on verra qu'il n'y aura plus de morte saison pour les personnes occupées à ce genre d'industrie. Comptez après cela la recette de quatre, cinq ou six mille personnes au moins qui occuperaient les cités, en donnant un sou par jour, voyez quelle somme. Pour les spectacles, il en serait de même ; le directeur pourrait remplacer très facilement les chevaliers du lustre par des abonnés, et gagnerait plus que ne lui donne le gouvernement par une subvention. Cela fait, il resterait moitié pour faire construire une salle de concert dans les cités où tous les anciens artistes feraient de la musique pendant quatre heures.

Pour le médecin et les médicaments. » 1 sou.

Pour bains de toute nature. . . . . . » 1 sou.

Voilà pourquoi il est utile de faire léguer par décès à l'établissement ce qu'il aurait fourni à chacun.

Avis au gouvernement.

Pour impôts.. . . . . » 1 sou.

Le gouvernement ne faisant plus d'aumône recevrait six mille sous au moins par jour d'une cité seulement, sans compter les impôts sur la consommation, qui serait bien plus considérable qu'elle ne peut l'être aujourd'hui.

A reporter . . . 18 sous.

Report. . . . . 18 sous

Avis aux Ébénistes et Marchands de meubles.

Pour meubles. . . . . » 1 sou.

Et quand on serait quelques cent mille, voilà de quoi, je pense, déblayer les rues de Cléry, Saint-Antoine, etc., et les ébénistes des départements. Dirait-on encore que le travail et le commerce ne vont pas?

Avis au petit Clergé et aux vieux Prêtres.

Pour chaise et enterrement. . . . . . » 1 sou.

D. — Est-ce qu'avec une maison et 3 fr. par jour les ecclésiastiques payés par l'État courraient le risque d'être à charge à personne et d'entrer soit à l'asile Châteaubriand, soit à celui de La Rochefoucauld, etc. ?

R. — Non, dans cinq ans, ils seraient plus riches que le chapitre de Saint-Denis. Après, laissons moitié de ces sommes pour établir une église, un temple protestant, une synagogue, une mosquée, s'il y avait lieu. Avec cela, manquerait-il de l'occupation dans les mortes saisons?

Pour les journaux. . . . . » 1 sou

Pour la nourriture : trois repas succulents. . . . . 1 fr. 16 sous

Total. . : . 2 fr. 17 sous

D'après le total, on voit qu'il restera trois sous pour avoir du tabac et autres petites fantaisies qu'on se procurera dans les cités, comme, plus tard, au lieu de n'avoir que trois francs on en aurait quatre, l'intérêt des vieillards serait donc de bien administrer ?

Par ce moyen, la vente journalière serait régulièrement assurée, et l'on ne pourrait plus dire : — un homme croquera tout dans un déjeûner.

C'est ici le système militaire : l'abonnement.

Cet abonnement n'étant point de rigueur pour les prêteurs le sera pour les hommes et les femmes employés dans les cités ; ensuite viendront, comme pratiques, les petits rentiers et ceux qui disent : J'attendrai d'avoir quarante-cinq ans pour commencer, et à qui on répondra : Depuis telle époque, vous avez été prévenu par les journaux que les cités étaient ouvertes, maintenant pour y entrer, il faut payer depuis le temps échu ou travailler dans les ateliers, jusqu'à ce que vous soyez en mesure d'avoir fait comme les autres; voilà comment vous pourrez vous dispenser de trouver quelques mille francs pour entrer dans d'autres retraites.

Comme pratiques assurées, on aura les constructeurs des cités qui n'iront pas au loin chercher ce qu'ils auront sous la main à beaucoup meilleur prix et en meilleure qualité, d'autant qu'on n'aura pas intérêt à les tromper.

Avis aux personnes établies.

D. — Mais on fera tort aux établissements actuels ?

R. — Loin de leur faire tort, non plus qu'aux associations, nous leur donnerons une vie nouvelle; nous voulons qu'ils puissent gagner dans l'espace de cinq ans, ce qu'ils ne peuvent maintenant gagner dans quinze; alors, leurs fonds ayant double valeur, se vendront plus cher, et les propriétaires se retireront plus vite pour faire place à de plus jeunes qu'eux, qui, par la même opération, dispenseront la compagnie de donner ni maison, ni revenu à l'un ou à l'autre.

On voit, d'après cela, que les individus occupant les bazars ne sont que des marchands revendeurs, achetant chez les marchands établis dans les villes les plus près des cités, ce qui n'empêche pas de bâtir des fours, des moulins, et d'avoir des écuries pour y placer des bestiaux en cas de disette ou refus de vente.

D. — Donc, dans les cités on ne pourra rien faire à son compte?

R.— On ne pourra ni manufacturer, ni s'y occuper que comme employé ou comme ouvrier, encore faudra-t-il qu'il y ait trop d'ouvrage en ville.

D'après cet exposé, on verra que si on est vingt, trente, cent mille personnes formant la compagnie de retraite, ce seront cent mille pratiques nouvelles qui paieront comptant et pour lesquelles il faudra acheter tout ce dont elles pourront avoir besoin..Conséquemment, cela ne gênera pas la clientelle ni le casuel d'aucun établissement.

Ajoutons que ces nouvelles pratiques pour lesquelles les cités achèteraient chez les marchands les moins heureux, prouvent que ceux-ci pourraient, comme il est dit, faire dans cinq ans, une fortune qu'on ne fait pas aujourd'hui en quinze ans; ajoutons encore que les pratiques des cités ne pourraient sans elles, acheter nulle part; étant forcées de chercher un crédit qui, malgré toute leur bonne volonté, ne se paierait peut-être jamais.

D. — Pourquoi ne pourraient-elles acheter nulle part?

R. — Parce que la plupart n'ont ni emploi, ni place, ni travaux, ensuite, parce qu'elles ne gagnent pas assez, et puis, parce que l'on ne fait pas crédit moyennant un sou par chaque dix-huit francs.

D. — Est-ce qu'en faisant entrer les hommes âgés, dans

les cités et les rendant propriétaires et rentiers, vous n'aurez pas transformé les travailleurs en marchands revendeurs et diminué le nombre des travailleurs, en augmentant le nombre des pratiques et des acheteurs?

R. — Oui, en facilitant tout le monde, en vendant à chacun tout ce qui lui est nécessaire à beaucoup meilleur marché qu'il ne peut l'avoir à présent, on aura gagné le double de ce qu'on gagne aujourd'hui. Après cela encore si celui qui occupe les deux sexes ne donne pas un sou de plus qu'à présent en gagnant le double, n'aurons-nous pas amélioré, bonifié ce qui existe sans rien déranger? Est-ce que l'occupé et celui qui l'occupe, par nos ateliers, par nos bureaux de précaution, ne seront pas défrayés de leurs frais de maison, en trouvant dans les cités de l'argent à meilleur compte qu'on ne peut l'avoir nulle part? En outre, si un patron ou une association ne pouvait payer ses ouvriers, la compagnie les paierait en lui donnant le moyen de rendre, par de légers à-comptes et à un bien faible intérêt. Par-là, l'emprunteur ne sentirait pas qu'il paie.

D. — Est-ce que par cette prévoyance ceux que l'on n'occupe qu'un jour sur sept ne le seraient pas toute la semaine?

R. — Il est naturel de penser qu'en abritant les hommes âgés, les jeunes gens seraient tous occupés.

Les riches, comme il y en a tant qui l'ont déjà compris, conviennent qu'en renvoyant ceux qui les entourent, ils courront moins le risque d'être maudits ou volés, etc., etc.

En profitant de cette institution, et en laissant un sou chacun par jour, eût-on l'inondation, le feu, la perte d'un procès, la baisse d'actions, l'exil, on finirait toujours par être propriétaire et rentier.

En 89, des hommes, qui avaient 40,000 francs de rentes furent obligés de faire de la salade à Londres, pour gagner 8 sous par jour ; n'en est-il pas à peu près de même au changement de tous les gouvernements ?

Le divin Béranger ne dit-il pas :

« *Qui sait où Dieu nous conduira ?* »

Savants, lisez M. de Balzac, dans une scène de la vie Parisienne, vous verrez comment a fini le comte maréchal de camp Chabert, vous verrez ce qu'il dit des maisons d'asile et de l'imprévoyance des savants.

Pensez à Rousseau, à Gilbert, à Homère, etc., etc., etc.

Artistes, pensez au chevalier de Santona.

Contradicteurs, dites à ceux qui prétendent que sous tous les gouvernements on ne peut procurer du travail, du commerce et du luxe, qu'ils se trompent ; rappelons leur que, comme cette brochure l'indique, le riche, voyant que les malheureux sont au moins aussi bien mis que lui aujourd'hui, voudrait se distinguer par le velours, la soie et les bijoux ; nous sommes assurés que ceux qui possèdent diraient : Ceci nous coûtera beaucoup moins que de faire l'aumône, et de courir le risque de devenir pauvres, et ils auraient raison.

D.— Fort bien, mais est-ce qu'avec un système comme celui-là, l'actionnaire à un sou, dont le nombre ne manquerait pas d'augmenter journellement, dans dix ans ne pourrait pas acheter le Louvre ?

R. — En faisant une loi pour que la maison de l'homme de cinquante ans ne dépasse pas 6,000 francs pour un, 12,000 pour deux, qu'ensuite le revenu de chacun ne dépasse pas 4 francs par jour, tout le monde serait satisfait.

D. — Mais, dans tout cela, on ne parle pas des jeunes gens ?

R. — Les jeunes gens s'occuperaient d'irrigations, de canaux ; ils se mettraient en associations, en congrégations, n'importe, mais avec ceci ils ne seraient pas sujets aux revers, la compagnie de retraite ne pouvant l'être. Le jeune homme, en prêtant un sou par jour, ne manquerait de rien : cette brochure le prouve d'un bout à l'autre.

D. — Mais ceux qui auraient des vices ?

R. — Cela ne regarde que le gouvernement.

Ceux qui auraient de l'ordre, la compagnie de retraite les favoriserait par du crédit, par des achats d'établissement, etc., etc. S'ils n'avaient pas d'ordre on leur dirait : Dépensez tout ce que vous gagnez, faites aller le commerce, laissez votre sou, votre sort est assuré.

D. — Mais si c'était un criminel?

R. — Si le criminel est absous, qu'il ait fini son temps, il vaut mieux lui donner une maison et un revenu que de l'avoir sur son carré, dénué de tout; d'ailleurs s'il y a mieux à faire, la pluralité des voix en décidera.

D. — Mais cela ne pourrait-il pas nuire au gouvernement?

R.—En cas d'invasion, quelle mère ne dirait à son fils : « Sois de l'avant-garde.» C'est notre propriété bien acquise, se dirait-on, que nons allons défendre ; nous n'allons pas nous battre pour des ingrats qui nous traitent après comme des parias, nous disant: Contentez-vous de rien, et eux, qui ont tout, ne disent jamais : assez.

Ensuite, de nos hommes de trente-six jusqu'à soixante ans, on en ferait une garde mobile que commanderaient des sous-lieutenants en retraite, qui, avec ce que leur donne le gouvernement, une maison et trois francs par jour, auraient le grade de capitaines.

En disant qu'on donnerait au gouvernement des fortifications bien autrement solides que celles expliquées dans cette brochure, et des soldats qui payeraient pour l'être, se serait-on trompé ?

Les invalides, qui sont de braves soldats aguerris, qui ont des canons, des fusils, ne nuisent à personne.

Garantie de l'Argent.

D. — Comment l'argent sera-t-il garanti ?

R. — Quand par petites fractions on aura réuni 20 sous, on les portera soi-même à la caisse d'épargne; là on donnera un livret gratis; il n'y a que le porteur qui puisse y toucher. Quand on aura mis 20 sous on ne mettra plus rien jusqu'à ce qu'on ait commencé les cités.

Quand 20,000 personnes auront mis chacune 1 franc, il y aura 20,000 francs, on achetera une maison provisoire du prix de 50,000 francs, sur laquelle on donnera 10,000 francs ; les autres 10,000 francs seront placés à la Banque de France pour créditer les vieillards qui entreront dans la première maison ; alors les 20 sous garantis par 50,000 francs de pierres et de terrain qu'on ne pourra emporter, on ne dira pas mes 20 sous sont perdus.

Pour en finir avec la défiance, disons : Quand on aura commencé, quand par un sou par jour on aura prêté 5 francs, on aura déjà reçu pour plus de 200 francs en nourriture, bois, charbon, etc.; ce seraient donc plutôt les prêt urs qui pourraient tromper que les fournisseurs. Il n'y a pas, dès-lors, d'exploitation possible: les prêteurs voudraient tromper, les ateliers ne lui en laisseraient pas les moyens ; ensuite nos vieux huissiers les poursuivraient, les journaux les feraient connaître, et ils ne leur serait plus accordé aucun crédit, ni aucun revenu.

Dire qu'il y a risque à essayer, c'est folie.

D. — Comment pourra-t-on commencer?

R. — Dès que cinq personnes seront réunies dans une cité, cinq autres y viendront; le plus âgé de tous sera président pendant une semaine, l'autre la semaine d'après et ainsi de suite ; tout se fera par l'âge, sans protection : c'est plus conforme à la justice et à la raison.

D. — Quelles seront les fonctions du président ?

R. — Il dira aux habitants des cités : Si vous voulez administrer pendant quatre heures par jour en vous remplaçant tour-à-tour, vous aurez un local particulier et trois francs d'honoraires, en attendant une maison.

D. — Ainsi, il n'y aura ni directeur, ni maître ?

R. — Il y aura tout simplement des administrateurs qui, alternativement, pendant quatre heures par jour, décideront de ce qu'il sera bon d'exécuter.

Voilà l'administration et la garantie de l'argent.

D. — Mais en achetant tout ce qu'il faudra pour les cités, comment fera-t-on pour n'être ni trompé, ni exploité?

R. — On achètera sur échantillons, les objets dont on pourra avoir besoin ; ces échantillons seront déposés aux bazars, et là, chacun, en ce qui le concerne, fera son estimation. Le choix sera décidé à la pluralité des voix. Alors, les fournisseurs livreront ce qu'on aura choisi, des bons leur seront remis, qu'ils pourront faire escompter à la banque ; il ne pourra donc y avoir aucune connivence, aucune fraude possible.

Plus de Concurrence.

D. — Par votre système, détruira-t-on la concurrence?

R. — On la rendra impossible ; qui pourrait, en effet, faire une partie qu'il n'a pas apprise ?

— Combien vaut votre fonds, dira-t-on au concurrent ?

— Vingt mille francs, ou plus.

— Les voici.

Ouvrier de telle industrie, que vous avez apprise pendant nombre d'années, nous connaissons votre ordre, votre conduite, prenez ce fonds, nous n'aurons pas besoin de vous donner une maison, vous avez de quoi en gagner une, bâtie à votre goût, et de quoi avoir des revenus. Quiconque voudrait vous renverser ne le pourrait pas ; les personnes que vous occupez seront payées le triple, ce que l'on ne pourrait faire sans l'aide d'une compagnie telle que la nôtre, ou sans avoir appris l'état que l'on voudrait exercer. Qu'on accorde le fonds à l'âge, pour qu'il n'y ait point de faveur. Qu'on donne ensuite la pratique de la compagnie pendant cinq ans, et ce temps suffira pour enrichir celui qui aura eu le fonds.

D. — Pourquoi désirez-vous que ces cités soient construites comme la galerie du ci-devant Palais Royal?

R. — Afin de ne laisser aucun doute sur leur but; les galeries dont on parle vaudraient bien l'entrée des chemins de fer, où logent l'administration et une partie de ses employés ; elles ne seraient pas des dépôts de mendicité, puisque, par son intelligence, la compagnie qui les aura fait construire, pourra gagner autant que la plus riche entreprise en donnant beaucoup de bénéfices à ses souscripteurs.

C'est donc avec raison qu'on appellera les cités des maisons de retraite.

Paresseux.

D. — Et les paresseux?

R. — Qu'un homme soit paresseux, s'il ne demande rien à personne, on n'a pas à lui faire des reproches ; il est libre de ses actions, elles ne regardent que lui. On peut dire seulement qu'il faut tâcher de diminuer le nombre des amis de la paresse.

D. — Par quel moyen?

R. — En réveillant l'émulation par une plus juste rétribution du travail, afin qu'après avoir travaillé de quinze à quarante-cinq ans, on soit plus avancé qu'on ne l'est maintenant.

D. — Que feront les ouvriers sans travail?

R. — On leur demandera ce qu'ils savent et veulent faire ; on les inscrira alors ; les correspondants se chargeront de leur trouver un emploi, et, pendant ce temps, ils continueront d'aller chez les marchands qui leur faisaient crédit, et vivront selon leurs habitudes, car on répondra et paiera pour eux. Quand ils seront occupés, s'ils doivent 18 fr., ils donneront un sou par jour sur chacune de leurs dettes. Pour être pourvus, ils s'adresseront au bureau des commandes de la cité, et on leur portera ce qu'ils ont demandé, soit lait, pain, beurre, etc. Veulent-ils mieux que cela? Sans argent, ils monteront en omnibus, se rendront dans les cités, et là trouveront à la carte ce qu'il faut pour bien se nourrir, s'amuser, etc. On leur donnera des billets de bal, de spectacle; ils pourront lire les journaux ou s'occuper dans un bureau, dans un atelier. comme il leur plaira.

L'été, leurs enfants joueront dans un superbe jardin; l'hiver, un salon les recevra : ils entendront de la musique après avoir dîné, retourneront chez eux par le chemin de fer ou l'omnibus, comme ils sont venus, et auront économisé deux fois plus qu'on ne le peut différemment.

Les cho es s'étant ainsi passées, dès qu'on le pourra on leur dira : Nous vous avons trouvé de l'occupation, peut-elle vous convenir? S'ils balbutient, on ajoutera : Pour ne pas être vagabond, donnez trois jours par semaine de votre temps pour ce que vous saurez ou pourrez faire, et l'on vous nourrira. Il vous restera trois jours pour apprendre autre chose, si vous le désirez. C'est donc tout à la fois un apprentissage, une manufacture, une institution qu'on vous propose.

D. — Et s'ils refusent?

R. — On leur dira : Crédit est mort.

D. — Et s'ils se plaignent qu'on les blâme?

R. — Ils ne pourront du moins dire qu'on les trouve trop vieux pour leur donner du travail. Le jeune homme ne fera pas pour quinze sous ce qui vaut trois francs, et ne devra s'en prendre qu'à lui-même de sa position, tandis qu'il en est différemment dans l'ordre actuel des choses.

D. — Mais il y a des hommes plus sauvages que les sauvages qui refuseront d'entendre raison?

R. — Ce n'est pas un motif pour laisser souffrir leurs femmes et leurs enfants.

Aux buveurs et aux marchands de vins.

D. — Admettons que celui qui perd la raison en buvant, boive trois litres de vin, il sera gris ?

R. — Sans doute, mais il ne pourra pas vendre sa maison ; du moins sa femme et ses enfants seront bien nourris, bien vêtus, etc. S'il se rend coupable d'un crime ou d'un délit, on l'emprisonnera.

D. — Mais il mourra plus tôt.

R. — Ce sera un fléau de moins. Il mourra comme il aura voulu mourir, sans rien demander à personne ; au contraire, il n'a pas bu pour ses trois francs, donc on n'a pas plus à dire de lui que du paresseux, s'il ne demande rien à personne.

Moraliste goutteux, quand on veut corriger ses défauts, c'est à quinze ans qu'il faut le faire et non pas à cinquante ans. « Quand cesseras-tu de boire, demandait une sœur à son frère? — Quand tu cesseras d'aimer, répondit celui-ci. »

Tu boiras donc toute la vie, s'écria la sœur?

D. — D'après votre système, chacun est assuré d'avoir, comme on dit, du pain sur la planche pour ses vieux jours?

R. — C'est là notre but, et vous voyez que tout en commerçant avec nous, personne ne sera obligé de se fournir chez tel marchand plutôt que chez tel autre. Voulez-vous un filet de bœuf gras? — Allez chez Rolland si tel est votre bon plaisir. Vous êtes-vous brisé une dent? — Allez chez votre dentiste habituel, fût-il le célèbre Fattet de la rue Saint-Honoré, 365, qui fait, dit-on, des prodiges dans son art. L'homme, le quartier, on ne vous impose rien, vous êtes libres. Jeunesse, qui avez devant vous de nombreuses années, gens âgés qui avez souffert, vieillards sans ressources, associez vos sous pour garantir votre commun avenir, sans engager votre indépendance. Aucun de vous n'a besoin de connaître l'utre ; la banque reçoit et paie, nul ne peut être ni voleur, ni volé: tous sont heureux et libres. Le mari ne quitte pas sa femme; le père ne rompt pas avec ses enfants; l'ami ne cesse pas d'aimer son ami, celui-ci voit du monde, celui-là n'en voit pas, chacun suit son goût : où il y a de la gêne il n'y a pas de plaisir. Lecteurs, si vous avez compris, vous n'attendrez pas qu'on vous demande vos premiers vingt sous, vous irez les porter à la caisse d'épargne, et, songez-y bien, dès qu'il y aura vingt mille souscripteurs nous pourrons dire : L'aumône est abolie, les bureaux de bienfaisance sont supprimés. Plus de pauvres, nous avons du travail pour tous les bras, le bien-être général est assuré aux générations à venir.

C'est ainsi qu'on se mariera par amour, au lieu de s'acheter comme le bétail dans une foire, ou comme on achète les esclaves dans les bazars d'Orient.

Ce projet se recommande particulièrement aux associations qui, en imposant une cotisation mensuelle ; font perdre à leurs membres beaucoup de temps, et en cas de besoin, leur accordent une humiliante aumône à laquelle ils n'ont plus droit s'ils cessent de payer leur cotisation.

Ainsi, ils donnent par mois un ou deux francs, et s'ils éprouvent un revers de fortune, une faillite, on leur tend un insuffisant secours. Ceci souffre-t-il la comparaison avec notre système et son mode de répartition?

Colportage.

Plus de vieux colporteurs.

Monts-de-Piété.

Tout homme ayant un revenu de trois francs par jour

pourra acheter et engager ce qu'il a acheté. Il y aura donc dans la cité un commissionnaire au mont-de-piété, dès lors on ne fera aucun tort à ce genre d'établissement, non plus qu'à aucun autre, quel qu'il soit. Nous voulons augmenter le nombre des gens heureux : ne sommes-nous pas sûr d'accroître le travail et de mettre, comme on dit, la production au niveau de la consommation.

Permettez-nous une dernière observation : une compagnie de retraite telle que vous l'entendez, ce n'est donc point le communisme, le phalanstère, ni l'association, ni la congrégation? R. non. D. eh bien! qu'est-ce donc si ce n'est pas cela? R. c'est tout bonnement un marché fait par l'individualité tel qu'il est déjà expliqué, marché que l'on peut faire sans se voir, sans se connaître, sans directeur, ni maître, ni caissier, sans être serviteur, se trouvant sous la protection des lois, comme le sont ceux qui font faire des ponts, des canaux, des quartiers, etc., excepté que ceux-ci se partagent les bénéfices: le gros actionnaire a plus que le petit; ils ont des employés à plus cher prix les uns que les autres, tandis que dans les cités ceux qui dirigent tout et qui gagnent tout, n'ont les uns comme les autres que trois francs chacun, laissant les bénéfices qu'ils font pour fournir et faire crédit à ceux qui plus jeunes qu'eux peuvent en avoir besoin.

D. Ainsi donc, par ce système, celui qui est communiste, phalanstérien, congréganiste, ou en association, peut-il profiter du bien-être universel? R. Très-certainement en laissant un sou étant occupé. S'il arrive que par un prétexte on dissout tout ce que nous venons de dire, à l'âge voulu il trouvera sa maison, son revenu et du crédit quand il en aura besoin. C'est aussi ce qui rend cette pensée neuve.

D. En France tout cela sera bien difficile à établir; on est si léger, si changeant.

Le Français est bon, caustique et envieux l'un de l'autre; c'est à celui qui veut commander. D. dites : ici il faudrait un établissement, la parole n'est pas plutôt lâchée qu'on a déjà dit on n'y ferait rien, qu'il s'en forme un ; tout le monde veut s'y installer.

Souvenons-nous que pour faire manger la pomme de terre, Louis XVI fut obligé d'en porter une fleur à sa boutonnière; on a dit que la betterave ne serait jamais du sucre, les ouvriers voulurent brûler Jacquart; Carnot et l'empereur le décorèrent. A Jacquart mort, on éleva un monument. Il y a cent mille comparaisons à donner.

En France on s'occupe plutôt de charmer l'ouïe et la vue, que d'une chose utile ; on dit : voyez comme je sais bien ce que j'ai appris; pendant ce temps-là, l'inventeur, le créateur et le prolétaire la *gobent*, passez-moi le mot

D. Qui tourmente le monde entier et la France ? R. La suffisance. D. Qu'est-ce qu'un suffisant ? R. Le suffisant c'est la bête noire du progrès, si ce n'est un brouillon, ou un mal intentionné; c'est celui qui nous dit: Je serai votre maître, je vous exploiterai, ou c'est à juste titre un bien pauvre d'esprit, un pauvre homme qui ne veut que des gens pauvres. En un mot, c'est la bêtise.

Prolétaires, il n'y a rien d'impossible : un ouvrier tisserand donna le rapport exact de la quadrature du cercle.

FRÈRES, PLUS DE GUEUX.

Les gueux, les gueux
Ne sont pas heureux;
Frères, plus de gueux,
Ce sont là nos vœux.

Si tu veux, bon Prolétaire,
Dont le sort est incertain,
Devenir Propriétaire,
Prête un sou chaque matin,

Imp. de Mme de Lacombe, rue d'Enghien, 12

www.ingramcontent.com/pod-product-compliance
Ingram Content Group UK Ltd.
Pitfield, Milton Keynes, MK11 3LW, UK
UKHW020946220726
13924UKWH00002B/515

9 782019 241889